정다운 무관심

시작시인선 0533 정다운 무관심

1판 1쇄 펴낸날 2025년 05월 30일
1판 2쇄 펴낸날 2025년 06월 13일

지은이 이재무
펴낸이 이재무
기획위원 김춘식, 유성호, 이형권, 임지연, 차성환, 홍용희
책임편집 이호석, 박현승
편집디자인 김지웅, 장수경
펴낸곳 (주)천년의시작
등록번호 제301-2012-033호
등록일자 2006년 1월 10일
주소 (03132) 서울시 종로구 삼일대로32길 36 운현신화타워 502호
전화 02-723-8668
팩스 02-723-8630
블로그 blog.naver.com/poemsijak
이메일 poemsijak@hanmail.net

ⓒ이재무, 2025, printed in Seoul, Korea

ISBN 978-89-6021-809-3 04810
978-89-6021-069-1 04810(세트)

값 11,000원

*이 책 내용의 전부 또는 일부를 재사용하려면 반드시 저작권자와 (주)천년의시작 양측의 동의를 받아야 합니다.
*잘못된 책은 바꾸어 드립니다.
*지은이와 협의하에 인지는 생략합니다.

정다운 무관심

이재무

천년의시작

시인의 말

    햇살 애인 삼아 강변을 걸으면서 나는 고비 때마다 슬픔과 고통을 안겨주신 신에게 감사의 기도를 올렸다. 고통과 슬픔은 삶의 재부이니 나의 영혼이 나락으로 떨어지지 않게 하였음이라.

차 례

시인의 말

제1부

작은 배 ——— 13
낙타 ——— 14
백 년 후 ——— 16
불멸 ——— 18
스테디셀러 ——— 19
시간은 흐르지 않는다 ——— 20
우는 이에게 ——— 21
우주 도서관 ——— 22
관측 ——— 23

제2부

추분 ——— 27
처서 지나 ——— 28
종달새 ——— 29
영혼의 집 ——— 30
화단 ——— 31
비 오기 전 ——— 32
봄비 ——— 34
멀거니 ——— 36
바람이 좋다 ——— 38

예쁜 것들 —— 39

느티나무 —— 40

버릇 —— 41

기쁨에 대하여 —— 42

굽은 길 —— 43

고개를 숙인다 —— 44

강물 —— 45

7월은 시끄러운 달 —— 46

여름 저녁 —— 48

사람들은 모른다 —— 49

창공의 별들 —— 50

춘분(春分) —— 51

제3부

정다운 무관심 —— 55

적막 —— 56

정의(定義)에 대하여 —— 57

감자 캐는 날 —— 58

감자를 캐면서 —— 60

과일 가게 아저씨 —— 61

기차를 타도 —— 62

나를 위해 산다 —— 63

나는 유목이다 —— 64

낙엽 —— 67

등 —— 68

바꾸다 ——— 69
롤러코스터 ——— 70
마른 물고기 같은 ——— 71
농담 ——— 72
맨 처음 고백 ——— 74
부여 ——— 75
인연 ——— 76
촌부의 말 ——— 77
사람이 미워지면 ——— 78
새똥 ——— 79
새벽 산책 ——— 80
설날 ——— 82
소풍 가자 ——— 83
수제비를 먹는 저녁 ——— 84
시상 ——— 85
엘리베이터 ——— 86
열무국수 ——— 87
알약 ——— 88
미루다 ——— 89
오해 ——— 90
나의 길 ——— 91
나의 시업(詩業) ——— 92
근심은 근심끼리 ——— 93
만춘(晩春) ——— 94
봄밤 ——— 96
상전벽해 ——— 97
오솔길 ——— 98

인생 ──── 99
풍금 소리가 듣고 싶다 ──── 100

제4부

기차를 타면 ──── 103
노래를 불러도 흥이 나지 않습니다 ──── 104
고통을 위하여 ──── 106
라스베가스 ──── 107
배웅 ──── 108
쇼펜하우어의 채찍 ──── 110
스프링복 ──── 111
잔혹사 ──── 112
칼과 풀 ──── 113
토끼들이 운다 ──── 114
계엄 정국 ──── 115
발자국들 ──── 116
응원봉 ──── 117
폭포 ──── 118
친구에게 ──── 120
두 사람 ──── 122
호곡장 ──── 125

해 설

우찬제 정겨운 유목민, 혹은 낙타의 소리풍경 ──── 126

제1부

작은 배

밤이 와서 어둠이 밀물처럼 마을에 가득 차면
농막은 망망대해에 떠 있는 한 척의 배가 된다.
나는 선실에 누워 바깥 소리를 듣는다.
별들이 켜는 우주 음에 귀가 열린다.
바다는 순한 아기처럼 잔잔하고 배는 순항 중이다.

낙타

과연 그는,
생전의 소원이던
낙타가 되어
세상에서 가장 어리석은 사람 하나
등에 업고
세상에서 가장 가엾은 사람
길동무 되어
슬픔도 아픔도 까맣게 잊고
별과 달과 해와 모래밖에 없는
사막을 걷고 있을까?
터덜터덜 걷다가
발밑에서 모래가 울고
한밤중 올려다본
하늘에서 사태 되어 쏟아지는
휘황하고 찬란한 은하에
차마 눈멀었을까?
소음에 어지럼증 앓는 날은
나라 바깥의
먼 사막을 떠올리고
낙타가 되어

발자국도 없이 걷고 있을
그를 그리워한다.

백 년 후

백 년 후를 생각한다.
백 년 후 나는 화 수 지 풍(火 水 地 風)으로 흩어져
우주를 떠돌 것이다.
내가 산책 속에 만나던
한강 물은 흐린 낯빛을 하고
여여(與與)하게 흐를 것이고
하늘엔 구름이 느리게 걸어 다닐 것이다.
백 년 후에도 어제오늘처럼 바람이 불고
천둥, 번개 치고 눈비가 내리고
달빛 휘장을 한, 밤의 상점에 별들의 전등이 내걸릴 것이다.
사계마다 색깔 다른 꽃들이 다녀가고
허리가 굵어진 나무들은 우뚝 서서
허공을 걸을 것이고
새들의 음표는 높고 발랄, 경쾌할 것이다.
백 년 후 아무도 기억해 줄 리 없는 세상에
내가 살던 헌 집은 새집이 되어
낯선 이가 들어와 살 것이고
길에 남긴 족적은 흔적도 없이 지워져 있을 것이다.
백 년 후 과연,

평생을 바쳐 쓴 나의 시편 중
몇 편이나 남아 누군가의 눈길을 끌 것인가?

불멸

불모의 사막을 찾아가
베두인에게 몇 개의 생경한
아랍어를 배워 익히고
몸을 앞뒤로 흔들며
코란을 읽는 아나톨리아 사람들처럼[1]
낙타 등에 올라앉아
단조로운 율동에 기대
노래를 부르거나
시를 읊조리리.
내가 버린 세상은 멀수록 옳고 좋으니
작열하는 한낮이 지나
보랏빛 밤이 오면
양고기로 요기하고
천막을 나와
모래 베개에 바람을 덮고 누우리.
하늘에서 어둠의 휘장을 열어
흘러 내려오는 은하에
영혼이 젖는 도취의 시간 속에서
불멸을 꿈꾸리.

[1] 니코스 카잔차키스의 『영혼의 자서전』 중에서

스테디셀러

별들은 만고의 스테디셀러다.
어젯밤 잠자기 전 마당에 서서
하늘을 우러러 이곳저곳 뒤적여
읽다가 새벽에 일어나 다시 읽는다.
도무지 깊이를 가늠할 수 없는
저 금빛 문장들은 눈으로 보고
가슴으로 들어야 한다.
목차도 페이지도 없는, 읽을수록
의문이 돋아나고 비의의 휘장으로
영혼을 감싸는 책들
겸손으로 나를 이끄는,
저마다 외롭게 반짝이는 불멸의 어휘들
평생을 바쳤으나 나는
아직 한 문장을 다 읽지 못하였다.

시간은 흐르지 않는다

산길 가에 놓인 작은 짐승 사체
보름 뒤에 가보니 몸피가 살짝 줄어 있었다.
달포 뒤에 가보니 반으로 줄었고
반년 뒤에 가보니 흔적도 없이 사라졌다.
이듬해 사체가 놓인 자리
풀들이 우부룩하게 자라 있었다.
최고의 시청률을 자랑하며 달이 떴다 지고
지상의 살림이 궁금한 별빛들
옷 구멍 밖으로 나온 단추들처럼
호기심 어린 눈빛을 반짝이고
공중으로 냇물처럼 바람이 흐르고
잊을 만하면 오는 친구의 카톡처럼
눈비가 지나갔다.
삭정개비 떨어진 자리에 새잎 돋고
키를 늘였다 줄였다 반복하는 풀 밑 그늘
앓던 중년 하나와 노인 둘이 마을을 빠져나갔다.

우는 이에게

우리는 영원한 전체[1]의 일부다.
고통과 슬픔이 해일처럼 밀려온다면
당장에 닥친 감정을 멀리서 보라.
멀리서 보는 바다에는 파랑이 일지 않는다.
멀리서 보는 산에는 나무가 없다.
사랑에 거절당해 우는 이여,
45억 년 지구 역사를 떠올려라!

[1] 스피노자

우주 도서관

막막하고 캄캄한 우주의 바다에는
지성을 품은 별들이 저마다
개성적인 필체로 쓴 책들 반짝인다.
밤의 산책길에서 나는 하늘 우러러
때로 투명하고 때로 깊고 때로 우뚝하고
때로 난해한 문장들 우거진
푸른 고전들과 분홍 신간들 벅차게 읽는다.
우주는 거대한 서점이자 도서관이다.

관측

한밤중 마당에 서서 하늘을
올려다보면 무슨 신호를 보내오는 것처럼
뭇별들, 저마다의 간절한 표정으로 반짝이는데
웃는 별과 우는 별과 속삭이는 별과
노래하는 별과 상심한 별이 있어
그걸 바라보는 마음을 수시로 뒤흔든다.
어느 때는 태어난 별과 성장하는 별과
죽은 별과 소멸하는 별들이
한데 어우러져 장엄하게 합주하는 것이어서
우주의 일원인 나도 까닭 없이 거룩해진다.
한밤중 마당에 서서 하늘을
올려다보는 일은 다시 태어나
한 생을 얻는 일이고
뚜벅뚜벅 경계를 넘나드는 일이어서
영혼이 무한대로 커지는 것을 느낄 수 있다.

제2부

추분

벼 이삭 여물어 가면
무논은 점차 마른 논 되지.
록 가수처럼 저녁을 울어대던
개구리들 떠난 지 오래
논둑 미루나무들 무논에 드리웠던 몸을 꺼내지.
한낮 건달같이 어슬렁대던 구름이며
맑은 날 밤 술청 문턱 닳도록 드나들던 술꾼들처럼
찾아오던 별빛, 달빛도 떠나고
고개 숙인 벼들만 남아
햇살과 울력하며 이삭 영그는데 진력하다가
벼 이삭들 떠나는 날 허허로운 논
자식 여운 양주마냥 갑자기 늙은 얼굴을 하지.
인생도 저물어 깊어지면
소리 없이 가는 비처럼
하나둘씩 시절 인연들 멀어져 가지.

처서 지나

촉수 낮은 달을 켜놓고
귀뚜라미 시인들 시를 짓느라
날밤 새우며 자판 두들겨대는
계절이 돌아왔다.

티브이나 유튜브 끄고
가만히 누워 들으면
사각사각, 샤프펜슬처럼 여린 소리로
시인들이 쓰는 시가
귀의 골목으로 걸어오는 게 보일 것이다.

종달새

1.
종달새 지저귀는 노래가 듣고 싶네.

높푸른 하늘가에 발랄한 스타카토

깨끗한 영혼의 씨앗 파종하는 천사들

2.
봄날 보리밭은 활터가 된다.

보리밭이 쏘아 올린 종달새들

여기저기 푸르게 하늘을 날고 있다.

영혼의 집

이 가을에 나는
집 한 채 지으려 하네.
길 위의 인생이었네.
참나무 향을 싣고 와
방 안에 쏟아붓는 바람
한밤중 잠든 사이
지붕 위 몰래 내려와
초롱초롱 반짝이는 별빛들
열린 창으로 들어와
바람벽에 묵화 치는 달빛
먼 산에서 달려온 울음소리
벗어놓은 신발에 고이는
고독의 슬하에서
영혼의 키가 자라는
집 한 채 지으려 하네.

화단

봄이면 고향 집 화단은 누가,
일부러 가꾸지 않아도 꽃들
피었다 지곤 하였다.
채송화 봉숭아 분꽃 깨꽃 앵두꽃 등속
삐뚤빼뚤 제 멋대로 핀 꽃들은
하나님이 장난삼아 쓴 글씨 같았다.
세상에서 제일 이쁜 글씨들은
아무리 읽어도 물리지 않았다.
활짝 핀 동심을
저건 깨꽃, 요건 분꽃,
소리 내어 읽기도 했다.

비 오기 전

비 오기 전 부는 바람이 좋다
비의 전령사, 비의 심부름꾼,
비의 우체부

비 오기 전 태어나 자란 녹색 바람이
달려와 나뭇가지 흔들 때
몸 파랗게 뒤집으며
환호작약하는 이파리들 보아라.

갑자기 찾아온 젊은 날의 열애처럼
들녘 끝에서 비가
캄캄하게 쳐들어올 거다.

비 오기 전 들뜬 것들 보아라,
비를 마중 가는 것들의
촉촉이 젖은 몸 보아라.

비의 줄탁

와, 비가 온다.

비야, 어서 와서 가물어 더운 마음을 적셔다오.
내, 너를 맞아
온몸은 흠뻑, 젖어도 좋으련.

봄비

봄비가 참 이쁘게 살갑게 내리고 있다.
저렇게 순한 비를 눈에 꾹꾹 눌러 담으니
마음에서 새순 돋는다.

담장을 걷는 고양이 발걸음처럼 소리 없이
내리는 봄비에 다소곳한 자세로 젖는 연초록
잎들은 연인처럼 서로를 애틋해 한다.

저 포근한 포옹

이런 날 나는 죄의 옷 한 겹씩 벗고
순수의 알몸으로 서서
내리는 봄비 안쪽으로 깊숙이 들이고 싶다.

오늘은 봄비의 우듬지 베어와 실파와 섞어
부침개를 부쳐야겠다.

봄비에 옛날이 꽃처럼 피어난다.

봄비에는 모두가 겸손하여라.

나무도 풀잎도 채소도 산길도 냇물도
너도, 나도 치한까지도.

멀거니

물끄러미 바라보는 일 많아졌다.

길 걷다가 우두커니 서서

강물 물끄러미 바라보고

길가 키 작은 꽃들

앉아서 멀거니 내려다보고

공중을 나는 새의 날갯짓

손차양하고 안 보일 때까지

물끄러미 쳐다보고

잔주름이 늘어가는 얼굴

말끄러미 오도카니 바라보다가

울컥, 감정이 솟기도 한다.

바람이 좋다

보리밭, 밀밭을 흔드는 바람이 좋고
나뭇잎, 꽃잎에 매달려 잉잉거리는
바람이 좋고 주술적 리듬으로
풀잎들 눕혔다 일으키는 바람이 좋고
풍경을 잡아채 맑은소리를 흘려보내는
바람이 좋고 도라지꽃, 장다리꽃
만나고 오는 향내 나는 바람이 좋고
냇가, 강가 물보라 일으키는 바람이 좋고
길바닥 검은색 비닐봉지 툭툭 차대는
장난기 많은 바람이 좋고
네 몸 안쪽에서 불기 시작하여
바깥의 나를 흔들어대는
풍로 같은 뜨거운 바람이 좋다.

예쁜 것들

 작은 꽃이 아니어도 자세히 보면 세상은 예쁜 것들로 가득 차 있구나. 은빛 튕기며 선율처럼 흐르는 강물, 바람에 파랗게 몸 뒤집으며 허공을 헤엄치는 나뭇잎들, 갖가지 체위와 포즈로 앉거나 서 있는 크고 작은 냇가의 돌들, 서로서로 키 재기 하며 우쭐우쭐 자라는 곡식 줄기와 잎들, 하늘 목장을 느리게 걸어 다니는 서너 마리의 구름들, 먹물처럼 땅에 스미어 번지는 풀잎 아래 그늘, 분내 풍기는 오월의 장다리꽃 치마 연신 들추어대는 흰 나비들, 연기처럼 피어오르는 들판의 아지랑이, 바닥에 흘린 고무줄처럼 완만하게 휜 강변, 끙끙 신음을 뱉어내며 고갯길 오르고 있는 마을버스, 기차가 떠난 뒤 두 줄로 남은 적색 선로, 길을 오가는 사람의 뒷모습들, 사심 없이 바라보니 예쁘지 않은 것들이 없구나.

느티나무

한여름 되어 더 외로워진 느티나무
해마다 해오던 열 평 남짓 그늘 농사
짓고 있지만 그 수고가 헛되기만 하다.
평상이 놓이고 인정이 꽃 피우던
자리에 찢긴 비닐봉지가 날리고
먼지가 모여 쌓여 있다.
한낮 더위의 피난처였던 그늘에
어쩌다 행상차가 들러 머물다 갈 뿐
아무도 찾는 이가 없다.
찾는 이 없어도 손 놀릴 수 없어
열심히 그늘 짓느라 바쁜 느티나무
느티나무는 여름이 와서 더 외롭다.

버릇

 눈으로 사물들을 만지는 버릇이 생겼다. 별과 달과 구름을 만지고, 나무를 만지고, 꽃향기를 만지고, 새소리와 강물 소리와 노래를 만지고, 길바닥에 얼굴 감춘 돌멩이와 상점의 옥호들을 만지고, 너 몰래 너를 만진다. 아이의 천진한 눈으로 만지는 사물들. 눈으로 만지는 세계와 사물들은 평화롭고 고요하다. 눈으로 만지는 사물들은 영혼을 맑게 정화시킨다.

기쁨에 대하여

   이제 나는 기쁜 일에 대하여도 노래하련다. 너무 오래 고통과 절망을 읽고 슬픔과 괴로움을 기록해 왔다.

   눈으로, 입으로, 어깨로 울면서 과장되게 나를 드러내었다.

   금으로 타는 태양, 살갗에 와 닿는 달콤한 바람의 입술, 곡선의 선율로 흐르는 강물, 새들의 경쾌한 스타카토, 지붕과 마당과 간판과 도로에 떨어져 타악기를 연주하는 사선의 빗방울들, 공중의 바다를 유영하는 나뭇잎들, 하늘 정원에 핀 별꽃들, 두 팔을 흔들며 음악이 되어 걸어가는 사람들

   나는 이 모든 것을 찬양하련다. 긍정을, 웃음을 노래하련다.

굽은 길

오늘은 교외에 나가 굽은 길을 걸어야겠다.
서울은 온통 반듯한 것들뿐이구나.
반듯한 길을 네모 난 차들이 빠르게 달리고
사람들도 질세라 앞만 보고 빠르게 걷는구나.
걸으면서 뉴스를 검색하고
걸으면서 카톡 문자를 주고받고
걸으면서 전화를 받고 거는구나.
도심의 건물들도 반듯하고, 간판들도 반듯하고,
길가 나무들도 수직이고, 하천도
직선으로 흐르는 서울은 한눈을 팔기 어렵구나.
오늘은 답답한 서울을 벗고
시원하게 시골로 갈아입은 채
시간을 흘리며 걸어야겠다.
구부러진 길을 걸으며 풀꽃도 들여다보고
새소리도 귀에 담으면서 반듯하게 걷느라
굽어진 마음을 반듯하게 펴야겠다.

고개를 숙인다

해 저녁 뒷산을 찾아가니 우람한 밤나무들 바람도 없는데 밤알들 떨어뜨린다.

몽돌처럼 굵고 알차게 익은 것들을 소쿠리에 수북하게 담는다. 한 해 농사를 실하게 지었구나.

밤알들을 주울 때마다 고개를 숙인다. 주운 것들을 불에 굽거나 데운 물에 쪄서 껍질을 벗기고 먹을 때마다 고개를 숙여야 한다.

사람에게 숙이지 않던 고개를 밤에게, 땅에게 숙이고 또 숙인다. 숙이면서 연신 고맙다는 말을 건넨다.

아람이 되어 밤송이를 떠나는 밤알들처럼 문득, 세상 바깥으로 떨어지는 날이 오리라.

투두둑 또, 밤알들이 쏟아지고 산이 몰래 움찔하며 어깨를 떤다.

강물

 어젯밤 나는 강물이 크게 우는 소리를 들었다. 그가 우환을 겪고 있는 것이 분명했다. 그러지 않고서야 그렇게 낙심하여 우는 일은 없었을 것이다.

 날이 새자마자 달려 나오니 밤사이 평정심을 되찾은 그는 흐린 얼굴로 자기 일에 열중하고 있었다.

 강을 슬프게 하거나 노하게 하는 일은 없어야 한다. 나는 그의 어깨를 두어 번 두드려주고는 집으로 돌아왔다.

 하지만 나는 알고 있다. 그의 지병이 오래되었고 심각하다는 것을.

7월은 시끄러운 달

좌판에 놓인
포도 수박 참외 토마토
옥수수의 호객이 시끄럽고
피서객들 몰려드는 바다와
골짜기가 벌집처럼 붐빈다.
나무에서 매미들 비잉비잉
무논에서 개구리들 와글와글
처마 밑 제비 새끼들 쩍쩍
숲속 늘어난 새 식구들
짖고 까부느라 야단인데
천둥 번개와 함께 불쑥,
쳐들어오는 소낙비가 소란스럽다.
불어난 강물 소리 우렁우렁,
뙤약볕에 타는 냇가의 돌들
밤하늘 서로의 광도를 시샘하는
무리 진 별들 요란스레 반짝이고
절벽을 뛰어내리는
폭포 소리 장쾌하다.
열어 놓은 창문으로 뛰어드는
바깥의 소리들

덩달아 내 마음도 분주해져서
이곳저곳 기웃대느라 시끄럽다.

여름 저녁

나는 여름의 저녁을 좋아한다.
긴 낮 시든 풀들이 생기를 찾고
사물의 윤곽 지우며
어둠의 잔물결 달디단 바람
앞세워 찰랑찰랑 밀려오면
마음속 풍선 부풀어 오른다.
느티나무 아래 평상에 걸터앉아
하모니카를 불어도 좋고
주점의 간이의자에 앉아
옛날을 추억해도 좋으리.
밤이 푸르게 익어 가면
공기는 딱딱해지고 하늘의
휘장 젖히고 별들이 앙증맞게 반짝,
반짝 얼굴 내밀어 밤의 상점을 여는,
수박 냄새 풍기며 저벅저벅
걸어오는 저녁을 나는 사랑한다.

사람들은 모른다

　사람들은 모른다, 한밤중 우리가 깊이 잠든 사이 곤이 된 산들 나무들과 바위들과 산짐승들 품에 안은 채

　하늘 기슭에 먼저 닿으려 날개 퍼덕여 솟구쳐 날다가 여명에서야 숨, 고르며 잦아진다는 것을,

　곤한 잠자는 동안 침대보가 축축해지는 것은 산들의 날개죽지가 흘린 땀방울이 튀어 그렇다는 것,

　사람들은 모른다, 자신이 지은 허물에 혐의를 씌울 뿐 그것이 산들의 선한 경쟁 때문인 줄을.

창공의 별들

창공의 별을 빛나게 하는 어둠
별과 별 사이 빼곡하게 들어찬 어둠은
얼마나 깊고 숭고한가.

밤하늘 올려다볼 때
별보다 어둠에 더 오래 눈길 머무르는 까닭
누군가의 배경으로 살다간 이들
눈에 밟혀 오기 때문이다.

춘분春分

1.
오늘은 교외로 나가
들판에 우뚝 서서 출석을 불러야겠다.
등교 시간에 맞추어 당도한 초록들
삐뚤빼뚤 서 있다가
호명할 때마다 저요, 저요,
오리처럼 꽥꽥 이파리 흔들어대는
소리를 들어야겠다.
자욱한 햇살 속 헤쳐 가며
살(肉)에 박혀 아픈
슬픔과 분노의 얼음 조각 녹여야겠다.

2.
폐자재 가득 싣고
무겁게 트럭이 지나간 뒤
길가 막 땅 열고 나온
새싹 머리에 인 먼지
바람에 흔들어 씻고 있다.

제3부

정다운 무관심

조석으로 한강 변에서 만나는
도열한 잡목들, 철 따라 피는
형형색색의 꽃들, 장단 완급으로
굽이치는 강물, 공중을 나는 새들은
사람에게 무관심하나 얼마나 정다운가.
감옥에서 사형 앞둔 뫼르소가
바깥에서 들어온 바람과 햇볕에
처음 위로를 받았던 것처럼
인간에게 넘어져 다친 상처
사물을 쥐고 바르면
볕에 닿은 눈처럼 감쪽같이 사라진다네.

적막

적막한 산길
기척에 놀라 뒤돌아보면
나를 따라오는,
길게 휘어진,
텅 빈 길이 나를 엿듣고 있다.
예순 너머의 내가
열 살 때의 나와
스무 살 때의 나와
서른, 마흔, 쉰 때의 나를 데리고
걸을 때
나는 내게 들키기도 하는 것이다.

정의(定義)에 대하여

　사족수, 초식동물, 마흔 개의 이빨, 스물네 개의 어금니, 네 개의 송곳니, 열두 개의 앞니, 털갈이, 단단한 발굽

　땅을 박차고 초원을 질주할 때 그는 자유다. 발굽 디딘 곳마다 연기가 피어올랐다가 사라진다. 백지를 지나간 칼날처럼, 물살을 가르는 쾌속정같이, 번개의 속도로 공중을 벌렸다가 붙여 놓는다. 그는 몰입의 황홀을 위해 기꺼이 고행을 감수한다.[1]

---

[1] 찰스 디킨스의 『어려운 시절』 중에서

감자 캐는 날

오늘은 감자 캐는 날

내 입장에서는 수확이겠지만 감자들 처지에서는 졸지에 당하는 박탈이겠다.

남의 살을 탐식하며 사는 게 인생이다. 이렇듯 우리는 날마다 죽음을 먹으며 죽음을 연장한다.

캔 감자들은 종이상자에 담겨서 지인들에게 하나, 둘 분배되고 남는 것은 우리 내외 여름 양식이 될 것이다,

쪄먹고, 조리하고, 끓이고, 볶아먹다 보면 여름이 가고 가을이 찾아올 것이다.

감자들 떠나고 나면 텃밭은 한동안 허전하고 막막해서 글썽글썽 흙먼지를 날리겠지. 그러다가 가을 초입, 김장 배추들 순무들 씨앗을 품고는 씻은 듯 아픔을 잊고 활력을 되찾겠지.

텃밭은 시간의 정거장. 오는 것들이 있고 가는 것들이 있

다. 마중이 있고 배웅이 있다.

　감자여, 쉬지 않는 입들을 위해 자신의 전생을 바치는 여름날의 이타여, 동글동글한 풍요여,

감자를 캐면서

감자를 캐면서 나는,
내가 미숙한 어른이라는 것을 알았다.
산파가 아기를 받아내듯 정성을 다하지 못했다.
진득하니 앉아
손으로 땅을 달래가면서 한 알,
한 알 모셔 오다가
오금이 저리고
허리가 비명을 지를 때마다
호미로 마구 흙을 헤집어
날에 찍힌 알들이 하얀 비명을 지르게 했다.
내 수고에 비례하여
알들의 안전이 지켜진다는 것을
깜빡깜빡 잊고는 하였다.
감자를 캐면서 나도 모르게
인성을 땅에게, 알들에게 들켰다.
감자를 캐는 동안 내 일생이 들통났다.

과일 가게 아저씨

과일 가게 아저씨가 돌아왔다.
휴가 엿새 만에 아저씨가 돌아왔다.
아저씨와 함께 과일들이 돌아왔다.
나는 아저씨가 어디에서 무얼 하며
휴가를 보냈을까? 궁금했지만
숫기가 없어 물어보지 못했다.
새벽 다섯 시면 시계처럼
문을 여는 과일 가게 아저씨
아저씨가 없는 동안 나는
아침에 과일을 먹지 못했다.
단골 과일 가게 아저씨
휴가를 마치고 검게 탄 얼굴로
돌아왔다. 아침이 제때 찾아오기
시작했다. 나의 식탁이
몰라보게 환해졌다.

기차를 타도

기차를 타도 흥이 나지 않는다.
가는 곳을 묻고
자랑을 늘어놓고
신세타령을 하면서
사투리가 정다워 근친 같아서
먹을 것 마실 것 건네주고
건네받으며 푸짐하게 인정을
나누고 누리던 풍속이 사라졌다.
무덤 속처럼 고요한 기차
각자의 자리에서
바지의 지퍼처럼 입을 닫고
눈을 감고 있거나
핸드폰에 빠져 있거나
창밖을 응시할 뿐
연착도 없이 빠르게 달리는
기차는 이제 추억을 낳지 않는다.

나를 위해 산다

내가 누구 때문에 뼈 빠지게 사는 줄 아느냐?

자식 때문에 산다는 말을 입에 달고 살던 엄니는 오래전에 유명을 달리했다. 이후로 나 때문에 사는 사람은 없다.

이 얼마나 천만다행인가? 나 때문에 누가 산다면 그것처럼 큰 재앙은 없다.

누군가를 위해 사는 일은 슬프고도 고된 일이다. 사람은 저마다 자신만을 위해 살다 죽는다. 누구를 위해 산다는 사람도 기실은 자기만족을 위해 하는 일인 것이다.

나는 나를 위해 나답게 너는 너를 위해 너답게 살아야 우리는 꽃이 될 수 있다.

너는 나에게 나는 너에게 웃음이 될 수 있다.

나는 유목이다

지금 흐르는 강물이 어제의 강물이 아니듯, 나는 어제의 내가 아니다. 나는 매일 죽고 매일 다시 태어난다.

차이와 생성으로 유명하고, 리좀과 수목, 탈영토화, 탈코드화 등 독창적으로 철학적 사유의 어휘를 창시한 질 들뢰즈의 '노마드'란 흔히 우리가 잘못 아는 것처럼 거리 개념이 아니다. 그것은 정신의 변화 즉 삶의 질적 상승을 의미한다.

지중해를 대표하는 작가 니코스 카잔차키스는 '나는 자유다'라는 묘비명을 남겼는데 만약 나에게도 운이 따라주어 묘비명이 세워진다면 '나는 유목이다' 새겨달라 말하고 싶다.

인간은 누구나 자유의지로 태어날 수 없지만 살면서 크고 작은 선택지 앞에 놓일 수밖에 없다. 날마다의 선택과 행동의 결과가 현재의 나를 만들었고 또 미래의 나를 만들어 갈 것이다.

오늘 나는 의무로 선택한 일정을 보내야 한다. 아내를 따라 경기도 가평으로 2박 3일간 교회 수련회에 다녀와야만 하는 것이다.

얼마 전 아내가 수련회 참석 여부를 물어왔을 때 '믿음도 없는 나 같은 비신자가 갈 곳이 못 된다.'는 명분을 내세워 단칼에 거절의 뜻을 표했다.

그랬는데, 내 단호한 표정에 뜨악해진 아내가 '나를 과부로 만들지 마시오.' 하는 게 아닌가? 그 말에 금세 내 표정이 누그러졌던 모양이다. 거기에 약한 고리와 틈이 들어있음을 간파한 아내는 이런저런 읍소작전을 펼쳐 결국 내 의지의 성곽을 무너뜨렸다.

강제된 측면이 없지 않으나 최종적으로 내가 내린 의사이니 이것도 선택은 선택이다.

몸은 인식의 퓨리즘이라 했던가? 다른 장소에서 다른 시간대를 경험하다가 혹 반짝이는 사유를 건져 올지 모를 일이다. 기왕 결정했으니, 쟁기가 다녀간 밭처럼 주름이 진 마음을 숯불 다리미 다녀간 광목처럼 펴도록 하자. 피할 수 없으면 즐기는 거다.

　나는 선택이다(장 폴 사르트르). 나는 자유다(니코스 카잔차키스). 나는 유목이다(이재무).

낙엽

낙엽이 지는 가로수 길을 걸어 집으로 갑니다.
푸르고 붉게 살아왔던 지난날들이
외화의 자막처럼 빠르게 떠올랐다 사라집니다.
떨어지지 않으려 악착을 부리던 한 잎처럼
숱한 비바람의 시절을 지나 여기까지 왔습니다.
일찍 저버린 생인들 왜 없었겠어요.
애도는 짧고 사는 일은 유장하여서
걸음을 멈출 수가 없었습니다.
가까운 미래에 나도 이승의 가지를 떠나야겠지요.
또 하나 허공을 걸어와 어깨에 내려앉는 나뭇잎
오늘 밤은 먼 곳의 그에게 손 편지를 써야겠어요.

등

손으로부터 가장 먼 등을 본 적이 없다.

뒷모습이 빈 독 바닥처럼 적막해 보인다고 말한 이가 있었다.

그는 윤곽이 흐릿한 등의 표정을 보고 말했을 것이다.

등은 자존을 지키는 최후의 성벽

과묵하나 감출 줄 모르는 등을

누군가의 손이 다녀갈 때 온몸으로 따뜻한 피가 돈다.

바꾸다

달포간 비운 농막 텃밭은
피비린내가 자욱하였다.
참외와 오이와 가지와 고추 등속
주인의 손 기다리다 지쳐
물큰 냄새피우며 썩어가고
단호박들은 들쥐가 속을 파먹어
껍데기만 남았다.
자책에 이어 치미는 울분으로는
벌어진 사태 수습할 수 없는 노릇이어서
생각을 바꾸기로 하였다.
바닥에 떨어져 썩어가는 채소들은
거름이 되어 지력을 돋을 것이고
들쥐는 내게 공덕 베풀 기회를 주었으니
고마운 일이다.
땅의 입장에서야
사람이 먹든 짐승이 먹든 무슨 대수이랴?

롤러코스터

사는 일 부질없다 싶어
오래 살면 뭐 하나? 하는
회의와 충동 못 이기고
혼술로 몸을 다치게 하고는
이튿날 아침 쓰린 속 달래려
약 찾고 사우나 하고 땀 흘려
상한 몸 달래는 나여,
참으로 한심하구나.
허무와 의욕의 롤러코스터를
타다가 마침내 나는
나를 버릴 날이 올 것인가.

마른 물고기 같은

그리운 이 멀리서 바라만 보아도 온몸이 절로 악기가 되어 둥둥 울어대던 두근두근을 지나

읽고 싶은 책 어렵게 구해 돌아오던 날 바다를 물들이던 해처럼 가슴 붉게 달아오르던 저녁을 지나

우러러 따르고 싶은 이를 만나 재채기처럼 감추기 힘들었던 감격, 감동을 지나

동경하던 이국의 땅을, 비행기에서 내려 밟던 날의 환희를 지나

하나둘씩 써 모은 글이 한 권의 책이 되어 오던 날의 전율과 흥분을 지나

바람 드세고 폭설 퍼붓던 겨울 덕장의 간고한 시절을 지나

먼지 쌓이는 건어물 시장에 내걸린 마른 물고기 같은 나이에 이르렀네.

농담

검은 옷 붐비는 추모 공원에는 가는 이들만 있고 오는 이들이 없다.

상복이 검은 것은 고인이 세상에 남긴 생의 얼룩 지우거나 아프고 불편했던 기억 망각하라는 뜻일까? 빛의 고통인 색들은 하나의 색에서 유래된 것이니 원점으로 돌아가라는 의미일까?

파란만장과 구절양장과 평지돌출과 요철의 세월을 살아온, 아흔아홉 굽이 한 생이 한 됫박의 재로 남는 시간은 불과 한 시간 남짓.

화장을 기다리는 동안 상주와 문상객들은 식당에서 밥을 먹고 휴게실에 들러 커피를 마시며 핸드폰을 들여다본다.

우주의 목적은 죽음이고 무(無)다. 살아있다는 것은 영원한 무(죽음) 가운데 나타난 일시적 현상일 뿐 우주의 본질과는 아무런 상관이 없는 것.

여생에 나는 몇 번이나 이곳에 와서 가는 이들을 배웅하다가 마침내 배웅을 받을 것인가?

새삼 생각하노니 사람의 한평생이 한바탕 농담 같다.

맨 처음 고백

 티격태격 40년을 넘게 살아왔네. 생각하면 징글징글한 세월이야. 당신을 처음 만났을 때의 떨림은 오래지 않아 약 닳은 건전지처럼 무감해졌지. 미안해. 당신, 나 때문에 고생 많았어. 솔직히 의가 맞지 않아서 당신을 떠나려고 한 적도 있었어. 하지만 잘 참고 살았어. 당신 아니었으면 어떻게 지금의 내가 있겠어. 당신이 새삼 고마워! 어쨌든 당신 덕에 집도 장만하고 이나마 평균적 삶이 가능해졌으니까. 하긴 내가 당신을 원망했듯이 당신도 날 원망하며 떠나고 싶을 때가 왜 없었겠어? 당신이 내 능력을 무시할 때는 죽고도 싶었지. 사십 년이 농담이야? 흔한 말로 미운 정, 고운 정 다 들었잖아. 이젠 우린 떠날 수 없어. 운명이니까. 사랑해, 당신!

 나는, 늦은 밤, 술을 마시며 시에게 맨 처음 고백을 했다.

부여

내 고향 부여는
유서 깊은
대학도 없고
내세울 만한 공장도
없어
고속도로
철길도 지나가지 않아
해마다 인구수 줄어
여전히 읍으로 남은 도시
망국의 전설만 요란하고
유적도 변변찮아
드문드문 찾아오는 관광객들
잔치 끝난 집처럼
적적하지만
그곳은 예나 지금이나
무던한 사람들
제 분수껏 흙 캐며
살아가고 있다.

인연

밥을 비빈다.
밥 담은 양푼에 삼색나물,
고추장 넣고, 참기름도 한 방울
떨어뜨려 썩썩 비빈다.
울긋불긋 단풍 든 밥 우적우적
씹다 보면 맵싸한 향기에 온몸이 젖는다.
입 안 가득
밥 한 숟갈 퍼 넣고
국물 한 숟갈 떠 넣어 먹는
황홀한 비빔밥
어느 날은 아내와 함께 먹고
어느 날은 친구와 함께 먹고
어느 날은 이웃과 함께 먹고
어느 날은 동료와 함께 먹는다.
한 그릇 땀 흘려 먹고 나면
서먹했던 사이도
불편했던 마음도
축축했던 관계도
허물없이 하나가 된 듯
거짓말처럼 맑아지고 개운해진다.

촌부의 말

충청도 산골 마을에서 촌부에게 길을 물으면 느려터진 대답을 듣게 되는데,

다 왔슈, 쪼금만 더 가면 되유, 저기 산 모탱이 보이쥬? 거기서 째끔 돌아가면 댁이 찾는 집이 보일규.

그러나 산모퉁이는 보이는 것보다 훨씬 멀고 아득해서 허기져 기진맥진할 때쯤 거짓말처럼 불쑥 집은 나타난다.

우리가 사는 일이 또한 그러하다. 조금만 더, 조금만 더, 하다가 갑작스럽게 죽음을 맞닥뜨리기도 하는 것이다.

사람이 미워지면

사람과 다투고 나서 사람이 미워지면 나는
그가 잠든 모습을 떠올린다.
곤한 잠을 자느라 머리칼이 축축해지고
새근새근 들숨과 날숨을 연신 들이쉬고 내쉬면서
벌 받는 자세로 머리 위로 팔을 뻗기도 하고
가끔 푸우, 한숨을 토하고 이유를 알 수 없는
짧은 비명으로 방 안 공기를 찢기도 하는
모습을 떠올리다 보면 미움은 온데간데없어지고
측은지심까지 생겨나는 것이어서
귀히 여겨지기까지 하는 것이다.
그렇다. 누구라도 잠잘 때의 얼굴에는 악의가 없다.
세상에 잠처럼 귀한 것이 어디 있으랴.
오죽하면 죽음을 영원한 안식이라 했겠는가.

새똥

길을 걷다가 하늘을 올려다보는데
날아가던 새가 이마에 물똥을 갈기고 간다.
지나온 세월이 쓴 주름 문장에 새가
마침표를 찍은 것이다.
나는 얼른 지웠다.
이 문장은 현재 진행 중이므로.
아직, 마침표를 찍어서는 안 되겠기에.

새벽 산책

새벽 산책길에서 사람들을 만난다.

그새 낯익어진 얼굴도 있고
처음 보는 얼굴,
드물게 앳된 청년도 있다.

모두가 서울의 한 지붕 아래
살아가는 이웃들이다.

파산자가 있고
상처한 이가 있고
부자인 이가 있고
가난에 허덕이는 이가 있고
자수성가한 이가 있는가 하면
물려받은 자산을 탕진한 이도 있을 것이다.

다혈질도 있고
우유부단도 있고

신자와 불신자도 있을 것이다.

평지돌출이 있고
우여곡절이 있고
파란만장이 있고
요철의 세월도 있을 것이다.

생각하면 누구나 서럽고 기쁜 한때를 살아왔고
또 살아갈 사람들.
어찌 애틋하고 정답지 않을 수 있으랴.

죽음이 미래인 사람들.

새벽 산책길에서 만나는
얼굴들에서
나의 어제와 오늘을 읽는다.

설날

세배 갈 어른도 없고
세배 올 아이도 없고
까치도 울지 않는 아침
떡국이나 한 그릇 먹고
더운술로 입안 헹구고
집 나서 강변 거닐다
돌아와 팔베개하고 누우면
무늬 없는 천장에
우련하게 떠오르는 얼굴들.

소풍 가자

눈이 멀도록 환한 날은
건달로 갈아입고
어디 먼 데로 소풍 가자.
숨 가쁘게 살아온 내게 안식일을 주자.
동서울터미널이나 남부터미널 혹은
청량리역에서 낯선 고장으로 가는 표를 구하자.
이름도 나이도 버리고
한 마리 야생 되어 이 길,
저 길을 늦도록 쏘다니자.
휘파람을 불고 흥얼흥얼 콧노래를 부르자.
값비싼 음식을 먹고
불타는 저녁노을 우두커니 서서 오래도록 바라보자.
나 떠난 뒤에도 여일하게 살아갈 것들
눈으로 만지며 실컷 나를 흘리다 오자.
못난 미련 따위 던져버리고
소풍 가는 날
오직 현재에만 골몰하면서
생애 최고의 사치를 살다 오자.

수제비를 먹는 저녁

비 오는 날 저녁에 수제비를 먹었지.
대식구가 두레 밥상에 둘러앉아
이마에 송송 돋아나는 땀방울
손등으로 훔쳐내며 양푼 속
얼큰 수제비를 떠먹던 저녁은
얼마나 평화로웠던가.
장대비는 마당에 대못을 꽝꽝
박아대며 줄기차게 쏟아지고
반쯤 허물어진 돌담 너머
무논 가득 흙물이 출렁거리고
풀어놓은 허리띠처럼 구부러진
둑길 따라 걸어오는 호남선
열차의 기적소리가 우렁했지.
비 오는 여름 저녁 헐한 속을
뜨겁게 뎁혀주던 얼큰 수제비
한 그릇 어디 가면 먹을 수 있을까?

시상

시상은 냇물 속 물고기들 같다.
훔치는 속도가 조금만 늦으면
그것은 벌써 저만큼 달아나 있다.
순간의 포착과 민첩을 요구하는 그것!
지켜보는 자에게 그들은
얼마나 여유롭고 한갓진가.
그러나 기껏 잡고 나면 그것은
이미 죽어 상한 냄새를 풍기기 시작한다.

엘리베이터

엘리베이터에 탈 때면
시선 둘 곳 마땅치 않아
거울 속 얼굴 들여다보거나
긴한 생각에 잠긴 듯 눈 감거나
하릴없이 핸드폰 폴더 열었다 닫으며
1분이나 2분을
십 년, 이십 년처럼 길게 기다린다.
엘리베이터에 탈 때면
한 동, 한 건물에 사는 이들
생면부지 이방인 같아
입의 지퍼 올린 채
얼굴에서 감정을 지운다.
생각하면 너도나도 서러운 이웃들인데
들숨 날숨 나누면서도
행여 옷깃 닿을까 애써 삼가며
바닥 내려다보거나 천장 올려다보거나
닳고 닳은 광고판 건성건성 읽으며
1분이나 2분 사이
고향에도 다녀오고
옛사랑이며
살아온 평생을 두서없이 뒤적인다.

열무국수

오늘은 열무국수가 먹고 싶다.
모처럼 만난 정인과 겸상을 하고
안부는 눈짓으로나 주고받으며
잘게 쪼갠 얼음 두세 조각 띄운,
잘 익은 열무김치 국물에
삶아 헹군 낭창, 낭창한 소면을 말아
반숙한 계란을 반으로 뚝 잘라서
고명으로 얹은 것을, 반찬 없이 후루룩
마시는 듯 삼키고 싶다.
젓가락으로 떠먹다 대접을 통째로
들고 마시다가 괜스레 주변을
빙 둘러보기도 하면서
떠먹는 듯 후루룩 삼키고 싶다.
입가에 묻은 걸쭉한 국물 자국이야
손등으로 쓱 훔치고 크으,
걸쭉한 트림을 하고 나면
속도 몸도 개운해질 것 같은
열무국수.
오늘은 근친 같은 정인과 함께
얼큰 시원한 열무국수가 먹고 싶다.
후루룩~휘리릭~~

알약

창 너머로 늦가을 저녁이 슬며시 다가와서
미열이 머무는 이마를 짚다가 돌아갔다.
문득 펄펄 끓는 몸을 식히던 옛 손길이 그리웠다.
귀한 감각은 사후에 찾아온다.
추억의 맨 아래 칸에는 색 바랜 감정들이 뒤섞여 있다.
회한은 미열이 주는 선물, 당의정 입힌 알약처럼
입안에 넣고 이리저리 굴리며 빨아먹는다.

미루다

오늘 할 일을
내일로 미루며 살자.
내일도 못 하면 모레,
모레도 못 하면 글피,
차일피일 미루며 살자.
오늘 할 일을 오늘에
다 해야 한다는 강박으로
지옥의 삶을
살아왔으나 뚜렷이 이룬
성과가 없다.
여생은 해찰하며
누수와 방만을 살자.
사는 데 너무 많은 지식은
오히려 독이 될 수 있으니
책도 멀리하기로 하자.
머리만 비대하고
다리가 가는 몸은 기형이니
지식 대신 지혜를 살자.

오해

이웃집 아저씨가
내가 건넨 시집과 산문집을 읽고 나서
나를 대하는 태도가 달라졌다.
어쩌다, 아침 산책길을 다녀와
엘리베이터 앞에서 만날 때면
당신보다 한참 아래인 나를
어른 대하듯 정중하고 깍듯하게 대한다.
아저씨는 내가 일상을 숙고하며
진지하게 살고 있는 줄로 알고 있다.
내가 얼마나 형편없는 속물인 줄 모르고
글과는 딴판으로 살 때도 있다는 것을
모르고 공손한 태도를 보이고 있는 것이다.
아저씨를 알고부터 아파트 단지를
들고날 때 주의하는 버릇이 생겼다.
방정한 주민이 되려고 애쓰는 나를 두고
아내는 고소해 죽겠다 한다.

나의 길

모든 살아있는 것들은
저마다의 길이 있어
나무는 나무의 길로 자라고
꽃은 꽃의 길에서 꽃을 피우고
새는 새의 길을 열며 날고
물고기는 물고기의 길 속으로
헤엄치고, 동물은 동물의 길을 따라
다니고, 흐르는 물은
물의 길을 찾아 걷는다.

인환의 거리, 사람들은 뒤섞여
흘러가지만 각자의 방향으로
움직이고, 나는 나의 길을
나의 속도로 걷는다.

나의 시업(詩業)

　어제는 강의 두렁과 고랑에서 파랑 두어 바가지 빌려다 문장의 독에 부었고

　그제는 산에 가서 꽃향기 서너 종자와 새 울음 한 됫박을 꾸어다가 시의 텃밭에 뿌려두었다.

　오늘도 가만히 있지 못하고 교외에 나가 사정을 말한 끝에 초록 말가웃 차용해 와서는 시문(詩文)의 채전에 거름으로 묻어두었다.

　갚을 길 없는 사물의 은혜가 심해처럼 깊다.

근심은 근심끼리

어제의 근심이 오늘의 근심에게 손을 내밉니다.

어제의 달관한 근심이 오늘의 초조한 근심의 등을 두들겨줍니다.

어제의 나이 든 근심이 오늘의 어린 근심을 품에 안아 줍니다.

근심은 근심끼리 우애가 깊어집니다.

근심은 서로에게로 번져 경계를 지워갑니다.

근심은 기쁨의 자궁

종알대며 흐르는 기쁨의 냇물을 거슬러 오르면 수심 깊은 저수지가 나옵니다.

만춘(晩春)

백목 가루처럼 분분하게 쏟아지는 햇살을 두 손으로 받아 얼굴에 북북 문지르다가

불쑥 큰고모가 살던 강경읍 차부에 가 있고 싶다는 충동이 인다.

간이의자에 누군가 깜박 놓고 간 물건처럼 앉아 몇 안 되는 승객을 싣고 뿌옇게 먼지 피우며 떠나는 버스들 뒤태를 힐끔힐끔 훔쳐보다가

그 짓도 그만 물릴 때쯤 차부를 나와 새우젓 내 진동하는 시장 기웃기웃 배회하다가

골목 귀퉁이 국숫집 앞, 바람과 햇볕에 말라가는 가늘고 긴 면발들 하염없이 바라보다가

해 질 녘 발걸음 옮겨 강가 하릴없이 거닐며 휘파람을 불다가

배가 출출해지면 허름한 식당에 들러 우어회나 시켜놓고

농주나 한 주전자 비우다 왔으면 좋겠다는 생각이 뜬금없이 드는 것이다.

봄밤

봄밤을 걸을 때
나는 까닭 없이 피가 뜨거워진다.
몸속 잠자던 짐승이 눈을 뜬다.
봄밤은 위험해서 나는
도발하는 나를 달래고
어르며 걸어야 한다.
불온한 불의 계절이여,
비를 품고 있는 축대처럼
아슬아슬한 정신을 흔들지 말아다오.
오, 내 귀여운 악마여!

상전벽해
−마포

  80년대 산동네에서 살 때의 일이다. 도로변에 빌딩 한 채가 서 있었다. 낮에 빌딩 유리창에는 꼬막같이 다닥다닥 붙은 키 작은 집들이 빼곡히 들어찼다가 땅거미가 번지어 오면 구럭을 빠져나오는 어린 게처럼 새어 나와 제자리로 돌아가곤 하였다.

  2000년대 들어 산동네마다 아파트 단지가, 도로변에는 마천루가 들어서면서 골목과 계단이 사라지고 저녁이 와도 땅거미가 찾아오지 않았다. 불빛은 거리를 적시며 흘러넘치고, 빌딩의 유리와 아파트 창들은 서로를 향해 빛을 반사했다.

오솔길

사는 일 까닭 없이 힘에 부칠 때
풀숲 기어가는 뱀의 등허리처럼
꿈틀대던 옛길 떠오릅니다.
아랫마을에서 시작하여
저수지를 끼고 가다가
비탈을 타고 오르던 시오리 길은
산 중턱 정각사(正覺寺)에서 끝이 납니다.
어릴 적, 절에 시주하러 다니던 할매 따라
가던 길이고 담배 농사짓던 아부지가
지게 가득 담뱃잎 지고 오던 길입니다.
적막이 돋아나던
요철의 길은 발로 읽는 경전이었을까요?
아부지와 할매는 말을 줄여 걸었습니다.
없어진 지 오래된 산길
떠올리면 불쑥, 배가 고파 옵니다.
마음속 울퉁불퉁한 길 걸으며
두 주먹을 불끈 쥡니다.

인생

옛집에서 이른 아침 손빨래를 한다.

젖어 퉁퉁해진 빨래들을 빨랫줄에 널어놓고 바지랑대를 높게 세운다.

마루에 앉아 바닥에 물을 내려놓는 빨래들을 한참 바라보다가 눈 들어 담장 너머 녹음이 번지는 봄 산을 본다.

볼일 보러 나갔다가 저녁에 들어오니 그새 바짝 마른빨래들이 바람에 나부끼고 있다.

뽀송뽀송 가벼워진 햇볕들을 착착 네모반듯하게 개켜 놓는다.

키 낮춘 빨랫줄, 감정이 빠져나간 얼굴로 빨래들을 기다리고 있다.

풍금 소리가 듣고 싶다

따뜻한 봄날에는 옛날의 풍금 소리가 듣고 싶다.
하학 종소리가 울리고
아이들이 썰물처럼 교문을 빠져나갔다.
청소를 마치고 뒤처져 텅 빈
운동장을 가로지를 때 뒷덜미를 채는 소리가 들렸다.
어느 날은 소리에 멱살 잡혀 되돌아갔다.
창문 너머로 손가락이 길고 얼굴이 백랍처럼 흰,
사범학교를 갓 졸업하고
우리 학교가 첫 발령지라는 선생님을 훔쳐보았다.
선생님은 손이 두껍고 얼굴이 검은
엄니랑 누나랑 달리 파리하니 예뻤다.
풍금소리는 긴 낭하를 걸어 나와
뜨락에 핀 꽃들을 어루만지고 있었다.
음악이 다녀간 날 꽃들은 더욱 환하게 웃곤 하였다.
내 가슴엔 이유를 알 수 없는 슬픔이 고여 출렁거렸다.

제4부

기차를 타면

기차를 타면 기차가
서울을 빠져나갈 때까지 눈을 감는다.
감은 눈 속으로
강화도 건너 개성 평야가 보이고
양강도와 자강도 지나
의주와 단동 지나 흐르는
압록강, 헤엄치는 오리 떼가 보이고
중국과 러시아와 북한
국경을 가로지르는
두만강 칠백 리, 우뚝 솟은 철교가,
강가 발가벗고 미역 감는
아이들이 보이고
북만주 옥수수밭 소귀 닮은,
바람에 펄럭이는 잎사귀들 보인다.
기차를 타고 눈을 감으면
굽이치는 산야에 까닭 없이
마음이 벅차 눈 속에 물이 고인다.

노래를 불러도 흥이 나지 않습니다
−신경림 시인 영전에

선생님의 구성진 목소리에는
언제나 낮은 서정의 봄비가 내렸어요.

누구하고나 친구가 되어
허물없이 농담을 주고받았던 선생님
못난 사람도 잘난 사람도
한동네 친구로
시시껄렁한 우스개를 즐길 수 있었지요.

밑바닥 인생들을
온몸으로 뜨겁게 사랑하고
높지 않은 목소리로
크게 울림을 주셨습니다.

하지만 불의 앞에서는 불꽃이 튀기도 했어요.

이 땅의 산하와 가난한 살림과 선한 사람들을
우리 가락으로 노래하신 선생님
글과 사람됨의 차이가 없이 사시더니
불쑥 우리 곁을 떠나셨군요.

선생이 떠난 이곳은
막 여름이 시작되는 계절인데도
으스스 한기가 몰려옵니다.

선생님이 안 계신 인사동은
마냥 쓸쓸하고
선생님이 안 계신 북한산은
더욱 적막하기만 합니다.

이제 술을 마셔도
노래를 불러도 흥이 나지 않습니다.

우리들의 시의 아버지,
우정의 삼촌이고 친구였던 선생님!
선생님이 즐겨 부르던 노래 읊조리며
목이 멥니다.

고통을 위하여

밥술이나 뜨면서부터
고통이 사라져간다.
고통은 축제라는데
무통 환자가 되어가고 있는 것인가?
죽은 자들은 고통을 알 수 없고
고통은 오직 살아있는 자들의
존재 증명 같은 것인데
고통이 나로부터 멀어진다는 것은
내가 죽어가고 있다는 뜻이 아닌가.
몸의 고통에 예민하면서
영혼의 아픔에 둔감한 자는
언제든 괴물이 될 수 있다.
잃어버린 영혼의 감각을 찾아
사는 동안 살아있는 사람이 되기 위하여
나의 심연을 오래 들여다본다.

라스베가스

 미국 서부 라스베가스에 가서 강연료 전부를 잃고 나서 나는 뒤늦게 어리석은 충동을 자책하며 미국의 서부 개척 시대가 끝나지 않았다는 것을 깨달았다. 개척의 대상이 인디언이나 중남미인들에서 세계인들로 바뀌었다는 것과 갈취 수단이 총에서 도박 기계로 그리고 비합법에서 합법으로 바뀌었을 뿐 침탈의 역사가 여전히 진행 중이란 것을 알게 된 것이다.

배웅

　어제는 장례식장에서 하루를 보내고 새벽까지 오만가지 잡생각으로 전전반측하다가 살얼음같이 얕은 잠에 들었다.

　누군가의 기척에 깨어 일어난 미명의 새벽, 웃음에 인색하였던 그가 쟁기가 다녀간 밭고랑처럼 주름 패인 얼굴에 사람 좋은 웃음을 띠고 나를 맞는다.

　일제강점기에 태어나 동란에 참전하였고 신발을 바꿔 신듯 공화국을 갈아타면서 평생을 직업 없이 불우하게 살다 간 그와는 서른일곱 해 전 만나 연을 맺었으나 사이에 살가운 정은 없었다.

　내일이면 그는 세상 바깥으로 거처를 옮기고(부디 전쟁과 가난이 없는 곳에 안착하기를) 나는 세상 안쪽에서 미뤄 둔 숙제를 풀기 위해 여전히 끙끙대고 있을 것이다.

　우연히 맺은 관계가 발효되어 필연이 되는 게 사람의 인연이다. 그러나 우주 안의 편재하는 사물들에 영속하는 것은 아무것도 없다. 파도가 와서 새가 남긴 백사장의 발자국을 지우듯 기억은 짧고 삶은 계속된다.

그늘의 키가 줄어드는 시월에 그는 가고 계절이 지나면 나는 한 살 더 나이를 먹을 것이다.

쇼펜하우어의 채찍

　밤의 동물인 두더지는 생존을 위해 몸뚱이보다 큰 앞발로 땅을 판다. 두더지가 하는 일이란 먹이를 구하는 것과 교미뿐이다.

　평생을 시시한 일만 하고 살았다. 기껏해야 직장을 다니며 밥을 구하고, 돈을 모아 집을 사고, 하찮은 지위와 명예를 탐하고, 자식의 성공을 바라면서 사소한 일에 울고, 웃고, 고함치고 흥분하며 뜻 한 번 세워보지 못한 채 생을 탕진했다. 최악의 세계에서 생활 때문에 두더지의 일생을 살아왔구나.

스프링복

남아프리카 영양은 점프력이 좋아 수 미터씩 뛰어오른다.
어쩌다 나무에서 열매 떨어지는 소리에 놀라
한 마리가 뛰기 시작하면 덩달아 놀란 놈들이
한 마리에서 둘, 다섯, 열, 백, 수백 마리
늘어난 숫자로 뛰다가 벼랑이나 호수에 다다를 때가 있는데
뒤에서 미는 바람에 떼죽음을 당하기도 한다.[1]
오직 놀라서 뛰다가 죽는 줄 모르고 죽는 것이다.
어찌 이것이 스프링복 일만이랴?
남 따라 살다가 생을 탕진하는 이가 나뿐이랴? 너뿐이랴?

---

[1] 이어령의 『이어령의 마지막 수업』 중에서

잔혹사

 한 마리의 닭이 몸에서 피를 흘리자 주변의 닭들이 달려들어 쪼기 시작하였다. 살갗이 찢어지고 내장까지 파헤쳐져 완전한 죽음에 이를 때까지 닭들의 잔혹 행위는 멈출 줄을 몰랐다.

 살상에 가담했던 다른 닭의 몸에 피가 묻게 되자 이번엔 그를 향해 무리가 몰려들어 죽음을 만들었고 또다시 한 마리의 몸에 피가 튀어 앞서간 동료의 전철을 밟게 되었다.

 마지막 한 마리가 남을 때까지 죽음의 행렬은 계속되었다.[1] 어리석은 닭들의 잔혹사에서 나는 지난날 인류가 저질렀고 지금도 진행 중인 만행을 읽는다.

---

[1] 켄 키지의 『뻐꾸기 둥지 위로 날아간 새』 중에서

칼과 풀

칼이 풀을 베었다.
베어진 풀은 안간힘으로 자라났다.
칼이 날뛰며 다시 풀을 베었다.
베어진 풀은 더욱 무성해졌다.
망나니 칼이 사정없이 풀을 베었다.
베어진 풀은 더 질기고 두꺼워졌다.
칼은 베고 풀은 자라기를 반복하였다.
칼은 풀을 벨수록 날이 무디어져 갔고
풀은 베어질수록 높게 자랐다.
풀을 베다가 지쳐 쓰러진 녹슨 칼을
품고 풀은 세상을 푸르게 물들였다.

토끼들이 운다

천적을 불러들일 수 있어
여간해서는 울지 않는 토끼가 운다면
목숨이 위태로운 지경에 놓였기 때문이다.

산소 결핍에 민감한 토끼를
잠수함에 넣어 다니는 것은
심해에서의 산소를 측정하기 위해서이다.

토끼들이 운다.
홀로 울고
떼 지어 운다.

목숨이 위태롭다 울고
산소가 부족하다 운다.

전국 방방곡곡 토끼들이 울고 있다.

계엄 정국

물의 흐름을 막는
냇가나 강가에 박힌 돌들을 들어내면
기다렸다는 듯 잽싸게 흐르는 물이 와서
빈자리를 채운다.
물의 혀들이 구석구석 살갑게 다녀가고
오래지 않아 상처는 아물어
더 이상 난 자리의 표가 나지 않는다.
우리의 오늘과 내일도
이와 같을 것을 나는 믿는다.

강가에 머무르는 동안
쉼 없이 물살들이 다녀갔다.
대개는 잔잔한 날들이었으나
더러는 소용돌이치며 고함치고 우는
물살의 세월도 있었다.
그런 날은 나도 아프고 너도 아팠다.

발자국들

겨울은 발자국이 태어나는 계절
얼었다 녹았다 반복하는 길에
행인들이 남긴 어지러운 발자국들
아라베스크 무늬 같다.
저 발자국들의 주인을 나는 모르지만
우리가 한 시대 가파른 길을
숨차게 걷고 있다는 생각만으로
까닭 없이 미덥고 정겹다.
그러나 자국은 지워지기 위해 태어나는 것
저 견고한 어깨동무와 스크럼과 클린치들도
찬 바람 부는 영하의 삼동을 보내고
명년 봄 햇살을 만나면
엉킨 몸 풀어 모습을 감추리라.

응원봉

응원봉이 기관총을 이겼다.
응원봉은 시민의 총이다.
응원봉으로 계엄을 무찌르고
응원봉으로 내란을 종식하고
응원봉으로 내란 수괴를 응징한다.
응원봉은 민주와 자유의 상징
응원봉으로 새 나라를 세우자.

폭포

한 점 망설임도 없이 떨어지는 것이 아니다.

어쩔 수 없이 등 떠밀려 떨어져서 내지르는

물의 비명이다.

아우성이다.

참사다.

갑자기 맞닥뜨린

운명 앞에서

놀라 소스라치는

절규

어제도 오늘도 진행 중인

죽음의 행렬

하얀 공포의 포말들.

친구에게

나는 내가 두려워진다.
세상 불의와 싸우는 동안
얼굴이 일그러지고 마음이 사금파리처럼
날카롭게 벼려지고 있다는 것이.
나는 내가 무서워진다.
사악한 무리와 대적하는 동안
사람에 대한 불신이 깊어지고
온갖 회의와 의심으로
영혼이 잠식되어 가고 있다는 것이.
나는 내가 두렵고 무서워진다.
의견이 맞지 않은
오십 년 우정이 내 곁을 떠나는 것이.
화면 밖으로 뛰쳐나와
고함치며 때리고 부수며
활개 치는 좀비들
미래에의 불안으로 잠을 설치는
날이 늘어가고
우울이 심연처럼 깊어진다.
적과 싸우는 동안
적을 닮아가는 내가

나는 무섭고 두려워진다.

두 사람

낙천주의자로 주변을 즐겁게 하던 이가
고층 건물에서 뛰어내리거나
유독가스를 틀어놓고
유쾌함과 죽음의 표리일체[1]를 보임으로써
우리를 놀라게 할 때가 있다.

낙천과 죽음과의 낙차를 어떻게 이해할 수 있을까?

훗날, 그가 보인 쾌활함이
지난날의 치명적인 불행을 감추기 위한
연기였거나 위장이었다는 사실을 알고
우리는 다시 한번 놀라게 된다.

눈에 지적 호기심이 넘치고
언제나 농담을 즐겨 했던[2]
이탈리아 유대인 쁘리모 레비는 죽음의 수용소에서 돌아와

저작 활동과 강연을 통해 학살을 증언하다가
　근본적으로 성찰할 줄 모르는 인간에 대한 믿음을 잃고 67세 나이에 자신이 살던 아파트 4층
　난간 너머로 몸을 던졌다.³

그는 절망과의 싸움에서 패배한 것이다.

오스트리아 빈에서 태어난 유대인 빅터 프랭클은
아우슈비츠의 강제수용소에서
인간의 극악함을 체험한 후 기적적으로 살아남아
자신이 창안한 정신요법으로 환자들을 치료하였다.

고통 자체는 의미가 없다면서
고통에 어떤 태도를 취하느냐가
의미를 만든다고 한 그는

삶이 의미를 가진다는 것을 발견하고

한계상황 속에서도 인간 선의에 대한 믿음을 잃지 않았는데
이것이 가족을 잃은 그를 끝까지 살아남게 하였다.

그는 절망과의 싸움에서 승리한 것이다.

1 서경식, 『시대의 증언자 쁘리모 레비를 찾아서』, 창비, 2006.
2 서경식, 앞의 책.
3 우리로서는 젊은이들과 이야기하는 것이 점점 더 어려워진다. 우리는 그것을 의무로, 또한 위험으로 인식한다. 우리가 시대착오적으로 보일 위험, 우리의 이야기를 들어주지 않는 위험 말이다. 우리의 이야기에 귀를 기울여야 한다. (중략) 사건은 일어났고 따라서 또다시 일어날 수 있다. 이것이 우리가 말하고자 하는 것의 핵심이다(이소영 옮김, 돌베개, 2014, 247쪽). 이 문장을 쓴 다음 해 쁘리모 레비는 자살했다.

호곡장

 연암 박지원은 『열하일기』「도강록(渡江錄)」에서 요동 벌판을 마주하며 한바탕 통곡하기 좋겠다는 호곡장(好哭場)을 언급했는데 과연 우리 땅에서 마음 놓고 울 만한 곳은 어디일까? 금강산 비로봉과 황해도 장연의 금모래사장이 있다 하나 이북에 속해 갈 수 없으니 내 오늘부터 진력을 다해 남한 땅 구석구석을 뒤져 그곳을 찾고, 그리하여 장소가 정해지면 대성통곡한 뒤 이생을 하직하여 여한을 남기지 않으리라.

해 설

정겨운 유목민, 혹은 낙타의 소리풍경

우찬제(문학평론가, 서강대 교수)

1. 잘 익은 그리움 하나, 잘 익은 서정시 하나

이재무는 그리움의 시인이다. 그립고 그리운 것이 너무 많아 하염없이 걷거나 물끄러미 바라본다.「빈집 4—대추나무」에서 시인은 "빛깔 고운" 대추 열매를 보며 "잘 익은 그리움 하나" 걸어 놓는다. 대추나무는 다른 유실수들에 비해 목질이 매우 단단한 편이다. 단단하고 결이 고운 나무이기에, 그 열매의 과육 향도 좋고 튼실하다. 대추가 절정으로 붉게 물들었을 때 참으로 장관이다. 대추가 떨어질라치면 대추나무가 몸 비트는 사정도 "잘 익은 그리움"으로 단단하게 매달려 있던 고운 열매이기 때문이다. 7행의 짧은 서정시임에도 불구하고, 더할 것도 덜할 것도 없이, 대추나무 풍경을 참 잘 그렸다. 해마다 가을 추석 무렵이면 잘 익은 대추 열매를 보면서 이런저런 그리움에 사무치는 이가 이재무 시인만은 아닐 터이다. 집단무의식에 가까울 그리움의 정서를 통해 시인은 잘 익은 서정시 한 편을 소리하듯 빚어냈다.

널리 논의된 것처럼 그는 농경 정서를 바탕으로 생태적인 서정을 잘 형상화해온 시인이다. 그의 시들을 읽다 보면 이제는 사라져간 옛것들, 그 아스라한 추억의 풍경들을 접하게 된다. 새집 후비기, 멱감기, 소먹이기, 나무하기, 참외 서리나 수박 서리 등등 옛 농촌 마을에서 정겹던 풍속들을 재현한다. 거기엔 유년기의 꿈이 서려 있고, 또 그 유년기의 꿈을 되풀이 꿀 수 없는 안타까운 연민이 어려 있다. 도시적인 체험을 다루는 시편이라고 하더라도, 이재무는 농경적 진실을 바탕으로 사태를 관찰하고 판단한다. 어리숙한 진실 속에서 급변하는 현실의 각박함을 견디는 예지를 발견하려고 생각하며 상상하는 시인이다.

『어우야담』에 들어 있는 「독서법」 야담 중에 서애(西厓) 유성룡(柳成龍)의 이야기가 나온다. 거기서 서애는 생각 '사(思)'의 상형을 고려하여, 생각이란 밭과 마음이니 독서는 밭 가는 사람이 조금씩 땅을 일구는 것처럼 마음으로 해야 하는 것이라고 말한다. 그 생각을 더 밀고 나가 보자. 서애는 밭[田]과 마음[心]이라고 했지만, '사(思)'의 상형 그대로 밭 아래의 마음, 그러니까 땅 밑의 마음까지 헤아리는 것이 생각

아닐까? 그렇다면 "잘 익은 그리움 하나"는 필경 대추나무 뿌리 깊은 땅속으로부터 발원된 것이 아닐까? 어쨌든 이재무는 땅 아래와 위를 오르내리고 교감하면서 "잘 익은 그리움 하나" 같은 '잘 익은 서정시'를 빚어내는 시인인 것 같다.

가령 「벌초」만 하더라도 그렇다. "새끼 꼬듯 살다"(「시」, 「얼굴」, 천년의시작, 2018, p.24) 일찍 돌아가신 어머니의 산소를 찾아 벌초하는 장면을 마치 몸 단장해 드리는 것으로 묘사했다. 정성스럽게 어머니의 손톱 발톱을 깎아드리니, 어머니 역시 무덤 옆의 갈참나무와 서산 노을을 시켜 아들에게 화답하는 것 같은 감응을 형상화했다. 평범한 시어들로 벌초하는 아들의 내면 정경과 외면 풍경을 매우 그럴싸하게 그렸다. 이 시가 아름다운 것은 벌초하는 아들과 땅 아래 망자 사이의 교감과 감응의 리듬 덕분이다. 벌초하면서 아들은 어머니를 새롭게 만나고 어머니의 정을 거듭 확인하고 인정받는 기쁨과 감사를 느낀다.

어머니나 가족, 친구 등 사람은 물론 고향의 오래된 팽나무, 함께 밭 갈던 소 등 시인 곁의 실존적, 시적 대상을 그저 대상의 자리에만 두지 않는다는 점이, 이재무 시학의 특성이기도 하다. 그 시적 대상은 시인과 긴밀하고 감응하고 소통하면서 시를 형성하는 상호 주체의 지위를 확보한다. 시인이 대상을 그저 바라보거나 관찰하는 것이 아니라 온몸으로 감각하기 때문이다. 시적 대상들은 횡단-신체성trans-corporeality을 통해 시인의 몸이 되고 상상의 육체가 된다.

「푸성귀를 많이 먹고 잔 날은」 같은 시편이 눈길을 끄는 것은 그런 맥락에서다. "푸성귀를 많이 먹고 잔 날은/ 꿈속에서 풋것이 되어 들판 덮는다/ 몸속으로는 푸른 피가 흐르고/ 양팔에서 푸른 줄기가 돋아 쭉쭉 뻗는다"라고 했다. 들판의 푸성귀에 음식으로 내 몸 안으로 들어와 내 몸이 풋것이 되었다는 설정이다. 풋것이 되어 몸 안에 푸른 피가 흐르고 몸 밖으로 푸른 줄기가 쭉쭉 뻗는다는 상상력은 횡단-신체성의 벼리를 알게 한다. 그것은 대지적 횡단성에서 그치지 않는다. "푸성귀를 많이 먹고 잔 날은/ 잠도 잘 오고 그래서 꿈도 더 많이 꾸는데/ 토라져 소식 없는 친구도 만나고/ 먼 나라에 계신 엄니도 찾아오셔서/ 풋것이 된 내 몸에 물을 주신다"(「푸성귀를 많이 먹고 잔 날은」, 『얼굴』, p. 95)라는 부분에서 확인할 수 있듯이, 영혼의 접속, 그 영매(靈媒)의 우주적 횡단으로까지 이어지는 것이다. "철들어 품은 기다림 그리움은/ 멀고 아득하기만 해서/ 마음의 심지에 타오르는 희망의 등잔불"은 "바람 앞에 언제나 서럽고 위태로웠"(「서울 오는 길」, 『얼굴』, p. 50)는데, 그 서러움을 넘어 그리움으로 가는 서정의 회로는 횡단-신체성을 통해 새로운 경지를 획득한 것처럼 보인다. 그것은 사람뿐 아니나 비인간 존재에게도 마찬가지로 스며드는 서정이다.

> 소가 눈 들어 앞산을 바라보니
> 앞산이 호수에 잠긴다
> 눈 들어 하늘을 바라보니
> 구름이 잠긴다

소가 끔벅, 하고 눈을 감았다 뜨니
　　산이 눈을 빠져나오고
　　소가 또 끔벅, 하고 눈을 감았다 뜨니
　　구름이 빠져나온다
　　소는 느리게 걸어 다니는 호수를 가지고 있다(「걸어 다니
는 호수」, 『얼굴』, p. 203.)

　커다란 눈망울을 지닌 소의 눈이 마치 호수처럼 반영의 거울이 되고 있다는 점에서 발상된 시로 보이는데, 이 시를 명편으로 부각시킨 다른 요인으로 역동적 깊이를 지닌 눈의 횡단-신체성을 꼽을 수 있겠다. 소의 눈은 그야말로 호수 같은 넓이와 깊이, 그런 체적, 그런 몸을 지닌 것으로 묘사된다. 그러니 앞산을 잠기게 할 수 있고, 구름이 잠겼다 빠져나오게도 한다. 앞산과 구름이 소의 눈에 들어갔다 나왔다 한다는 것, 그 상호 대사 작용을 웅숭깊게 표현했다. 시인의 상상력은 사람이나 소 같은 동물에서 그치지 않는다. 세상의 모든 식물도 끌어안는다. 「팽나무가 쓰러지셨다」에서 시인은 "우리 마을의 제일 오래된 어른 쓰러지셨다/ 고집스럽게 생가 지켜주던 이 입적하셨다"라며 애도한다. 마을마다 큰 당나무가 있었고, 그 나무 그늘은 마을의 광장이었음을 떠올리게 한다. 이재무의 고향 마을도 필경 그랬을 터이다. 그 나무 아래서 하모니카를 불었고 "이웃 마을 숙이를 기다렸다"라고 했다. '아이스께끼장수'며 '방물장수'도 그 그늘 안으로 들어 쉬다 가곤 했던 나무였다. 이렇게 마

을 사람들뿐 아니라 외지 손님들까지 제 몸으로 품었다 떠나보낸 팽나무는 세월 따라 몸을 비우곤 했는데, 그 "내부의 텅 빈 몸으로", "잘 늙는 일이 결국 비우는 일이라는 것을"(「팽나무가 쓰러, 지셨다」, 『얼굴』, p. 95) 보여주신 큰 어른이었다고 시인은 회상한다. 이처럼 이재무의 생각[思]과 상상력은 횡단-신체성의 현묘한 경지를 보인 각별한 사례였다. 신작 시집에서 그것은 또 다른 횡단 미학으로 연접된다.

2. 우주 도서관에서 다시 태어나는 독-저자

「우는 이에게」에서 시인은 스피노자를 통해 "우리는 영원한 전체의 일부"라며, "고통과 슬픔이 해일처럼 밀려온다면/ 당장에 닥친 감정을 멀리서 보라"고 제안한다. 이 도저한 인식론적 거리가 새롭게 시적 거리를 형성한다. 오랜 세월 길 위에서 횡단-신체성을 빚어낸 시인이었던 그가 새롭게 승화하는 시적 계기를 마련하고 있는 것이 아닐까? 하여 그는 '우주 도서관'에 심미적으로 참여한다.

> 막막하고 캄캄한 우주의 바다에는
> 지성을 품은 별들이 저마다
> 개성적인 필체로 쓴 책들 반짝인다.
> 밤의 산책길에서 나는 하늘 우러러
> 때로 투명하고 때로 깊고 때로 우뚝하고

때로 난해한 문장들 우거진

푸른 고전들과 분홍 신간들 벅차게 읽는다.

우주는 거대한 서점이자 도서관이다.

—「우주 도서관」 전문

우선은 애독자로서 우주 도서관에 동참한다. 예전에도 시인은 "한때 구름을 애모한 적이 있"었다고 했다. "하늘 정원에서 장엄한 몽상이 감미롭던/ 황금의 시간대에는 지상의 가난이 슬프지 않았지/ 나 한때 구름의 신자로 산 적이 있지"(「클라우드」, 『얼굴』, p. 118). 길을 넘어 구름을 타고 하늘 정원에 올랐던 경험은 우주 도서관에서 그야말로 '우주적인' 상상력을 빚어내기에 이른다. 「스테디셀러」에서 시인은 "별들은 만고의 스테디셀러"라면서 "어젯밤 잠자기 전 마당에 서서/ 하늘을 우러러 이곳저곳 뒤적여/ 읽다가 새벽에 일어나 다시 읽는다". 그런데 "비의의 휘장으로/ 영혼을 감싸는 책들"의 "금빛 문장들은" "도무지 깊이를 가늠할 수 없"다. "눈으로 보고/ 가슴으로 들어야" 하는데, 그러기에 별들의 문장은 시인을 겸손으로 이끈다. "저마다 외롭게 반짝이는 불멸의 어휘들"이 어우러져 금빛 문장이 되고 은하 도서로 엮였는데, "평생을 바쳤으나 나는/ 아직 한 문장을 다 읽지 못하였다"는 것이다.

우주 도서관의 독자는 왜 그토록 겸손하지 않으면 안 되는가? 우주에서 보면 지구도 한갓 '창백한 푸른 점'(Pale Blue Dot)에 불과하거니와, 그 지구의 한구석 마포 한강변을 걷고 있는 이는 얼마나 작은 존재일 터인가? 그렇지만, 비록 사람은 작지만, 시인의 눈은 그렇지 않다. 별들의 금빛 문장을 읽으면서, 그것을 빛나게 하고, 문장이게 하는 어둠까지 읽어내는 혜안을 지닌 덕분이다. "창공의 별들을 빛나게 하는 것은 어둠/ 별과 별 사이 빼곡하게 들어찬 어둠"(「창공의 별들」)에 오래 눈길을 주며 그 깊고 숭고한 의미를 밝히고, 어둠처럼 "누군가의 배경으로 살다 간 이들"을 성찰하는 심안을 시인이 지녔기 때문이다. 어둠의 미학적 실존은 거기서 그치지 않는다. 「작은 배」에서 시인은 어둠에 침잠한다. 어둠의 심연에서 감각의 혁신을 거듭하고 있음을 환기한다. 이 또한 우주의 스테디셀러를 공들여 탐독하는 애독자에게 주어진 선물일 수도 있겠다.

> 밤이 와서 어둠이 밀물처럼 마을에 가득 차면
> 농막은 망망대해에 떠 있는 한 척의 배가 된다.
> 나는 선실에 누워 바깥소리를 듣는다.
> 별들이 켜는 우주 음에 귀가 열린다.
> 바다는 순한 아기처럼 잔잔하고 배는 순항 중이다.
> ―「작은 배」 전문

강화도에 있는 농막에서 밤을 보내면서 쓴 시로 추정되는데, 이 시에서 우주 도서관의 독자는 단지 읽은 데서 그치지 않는다. 저자로 전환될 환상적 심미성을 인상적으로 묘출한다. 우주 도서관의 독자는 우선 밀물처럼 어둠이 차오르면 땅 위의 농막에서 망망대해에 떠 있는 한 척의 배의 형상을 상상처럼 읽어낸다. 그리고 선실에서 바깥소리를 듣는데, 이 또한 우주 도서관에서의 탐독 행위의 일환이다. 몰입의 황홀경처럼 "별들이 켜는 우주 음에 귀가 열"리는 체험을 한다. 그 순간이 되면 단지 독자에 머물지 않는다. 귀가 열렸기에 "별들이 켜는 우주 음"을, 그 우주적 소리풍경 soundscape을, 번뜩 깨달음을 얻는 이피퍼니처럼 형상화하는 시인으로 거듭난다. 우주 도서관에서의 독–저자는 그렇게 새로 탄생된다.

세상의 좋은 스테디셀러가 그러하듯 우주의 스테디셀러 역시 저 혼자만 빛나는 게 아니다. 「작은 배」에서 본 것처럼, 독자를 변화시켜 새로운 승화의 경지를 알게 한다. 「관측」에서 별들과 교감하고 상호작용하며 "다시 태어나/ 한 생을 얻는" 풍경도 그런 경우이다. 「작은 배」가 시적 현현의 순간을 응축적으로 빚어냈다면, 「관측」은 그 과정을 더 구체적으로 형상화하여, 독–저자의 탄생 동력을 탄력적으로 점묘한다. 화자는 한밤중 마당에 서서 하늘을 우러러본다. "뭇별들, 저마다의 간절한 표정으로 반짝이"며 "무슨 신호를 보내"온다. 우주 독자로서 그 별들의 간절한 신호를 수신하는 화자의 마음은 수시로 흔들린다. "어느 때는 태어난 별과 성장하는 별과/ 죽은 별과 소멸하는 별들이/ 한데 어우러져 장엄하게 합주하는 것이어서/ 우주의 일원인 나도 까닭 없이 거룩해진다." 그러기에 별들의 오케스트라를 감상하고 몰입하다 보면 다시 태어나게 된다. "다시 태어나/

한 생을 얻는 일이고/ 뚜벅뚜벅 경계를 넘나드는 일이어서/ 영혼이 무한대로 커지는 것을 느낄 수 있다." 그렇게 영혼이 무한대로 심화 확장되는 경험을 바탕으로 우주 독자는 우주 독-저자가 된다.

3. 길 위의 시인과 영혼의 집 짓기

뭇별들의 신호를 교신한 우주 저자는 마침내 '영혼의 집'을 건축하고자 한다.

이 가을에 나는
집 한 채 지으려 하네.
길 위의 인생이었네.
참나무 향을 싣고 와
방 안에 쏟아붓는 바람
한밤중 잠든 사이
지붕 위 몰래 내려와
초롱초롱 반짝이는 별빛들
열린 창으로 들어와
바람벽에 묵화 치는 달빛
먼 산에서 달려온 울음소리
벗어놓은 신발에 고이는
고독의 슬하에서

영혼의 키가 자라는

집 한 채 지으려 하네.

—「영혼의 집」 전문

이쯤 되면 그 설계도가 참으로 현묘하지 않은가? 별빛, 달빛, 바람, 먼 산의 울음소리 등이 그야말로 공감각적으로 융섭(融攝)되어 영혼의 집을 위한 건축 자재가 된다. 아니 부분적인 자재에 머물지 않고, 그것들이 서로 스미고 짜이면서 현묘한 오의(奧義)를 연출하는 가운데 전체를 이룬다. 그야말로 우주적 융복합의 감각으로 지은 집이라 할 것이다. 사실 이재무는 감각으로 집 짓기를 좋아하는 시인이다. "길 위의 인생"은 길 위의 노마드를 즐기기도 하지만, 길이 멈춘 자리에 놓일 집을 끊임없이 몽상하게 마련이다. 『슬픔은 어깨로 운다』 시절에는 "소리 속에 집 한 채를 지을까 궁리"(「비 울음」, 『얼굴』, p. 206)했었다. 그런 궁리를 할 수 있었던 것은 시인이 남다른 귀를 지닌 까닭이 크다. 우주 도서관의 독-저자로서 "별들이 켜는 우주 음에 귀가 열"(「작은 배」)린 시인 아니던가. "기실 빗소리는 땅이 비를 빌려 우는 소리"(「비 울음」)라는 진술은 오로지 시인의 좋은 귀 덕분에 빚어진 탁월한 감각이 아닐 수 없다. 그런데 귀만으로는 감각이 충만하지 않을 수도 있다. 좋은 귀에 좋은 눈이 보태지면 사정이 달라진다. 「비 오기 전」에서 비의 전령사들을 구체적으로 실감 있게 보아내고, 마침내 "비의 줄탁"을 헤아리는 눈은 「비 울음」의 귀와 협업하고 있는 것 같지 않은

가. 청각과 시각의 도저한 어울림이, 그러니까 귀와 눈의 '줄탁'이, "비의 줄탁" 그 이상을 보고 들으며 우주적 감각의 음표들을 역동적으로 생성하는 게 아닐까 싶다. 그렇게 '귀에 걸린 눈'으로 보면 고향집 「화단」에 "삐뚤빼뚤 제멋대로" 피었던 "채송화 봉숭아 분꽃 깨꽃 앵두꽃" 등 꽃들이 "하나님의 장난삼아 쓴 글씨" 같기도 하고, "세상에서 제일 이쁜 글씨들"이어서 "아무리 읽어도 물리지 않"는다. 꽃들과 더불어 동심도 활짝 피어난다. "저건 깨꽃, 요건 분꽃,/ 소리 내어 읽기도" 하는 동심의 오케스트라는 다시 눈을 거쳐 귀까지 즐겁게 한다.

  청각과 시각에다 촉각까지 어우러진다. 「버릇」에서 시인은 "눈으로 사물들을 만지는 버릇이 생겼다"라고 고백한다. "별과 달과 구름을 만지고, 나무를 만지고, 꽃향기를 만지고, 새소리와 강물 소리와 노래를 만지고", 이런 식으로 공감각의 연상을 이어간다. 그러면서 "아이의 천진한 눈으로 만지는 사물들. 눈으로 만지는 세계와 사물들은 평화롭게 고요하다. 눈으로 만지는 사물들은 영혼을 맑게 정화시킨다"라고 말한다. 그런 복합 감각으로 영혼의 집을 짓는다. 그런데 여기서 우리는 이재무가 길 위의 시인임을 잊으면 안 될 것 같다. 그가 감각으로 짓는 집은 거기에 배타적으로 머물기 위함이 아니다. 정주나 안주 본능과는 거리가 멀다. 집 안의 정원과 집 밖 정자의 차이를 잠깐 생각해 보자. 자연에 존재했던 돌이나 나무, 꽃 등을 울타리 안으로 끌어들여 인공적으로 조작하여 배타적으로 즐기려는 기획이 가

정의 정원이라면, 자연 상태 그대로를 존중하면서 최소한의 인공적 장치를 하여 길손 누구라도 쉬어갈 수 있도록 한 공간이 공공의 정자이다. 길 위의 시인이 짓는 영혼의 집은 그런 정자의 기획과 닮았다. 열린 정자라야 창공의 뭇별들과 별들을 밝게 하는 어둠을 비롯한 우주 도서관의 여러 책을 읽고 감응하기에 더 적합할 것이기에 그렇다. 그래야 "영혼의 키가 자라는" 감각의 경험을 깊이 있게 수행할 것이기 때문이다.

4. 물끄러미 바라보는 정겨운 유목민, 혹은 낙타의 소리풍경

자연과 세상을 대하는 시인의 태도도 조금 달라진 것 같다. "물끄러미 바라보는 일 많아졌다"라고 술회하는 「멀거니」가 주목되는 것은 그런 사정과 관련된다. "길을 걷다가 우두커니 서서/ 강물을 물끄러미 바라보고/ 길가 키 작은 꽃들,/ 앉아서 멀거니 내려다보고/ 공중을 나는 새의 날갯짓/ 손차양하고 안 보일 때까지/ 물끄러미 쳐다보고" 하는 모습들은 시인이 수행하는 "몰입의 황홀"(「정의에 대하여」)경이다. 물끄러미 바라보게 되면서 시인은 일종의 인식론적 전회를 시도하기도 한다. 세상의 어려운 처지를 슬퍼하고 불의한 사태에 절망하고 괴로워하던 이전의 모습과 다르게 감각하고 노래할 수 있기를 소망한다. 「기쁨에 대하여」에서 시인은 "이제 나는 기쁜 일에 대하여도 노래하련다"라고 선언하는 것이다. "눈으로, 입으로, 어깨로 울면서 과장되게 나를 드러내"며 "너무 오래 고통과 절망을 읽고 슬픔과 괴로움을 기록해 왔"던 것과는 다르게 살고 싶은 것이다. 우주도서관에서의 '우주적' 독서 덕분일까? "금으로 타는 태양, 살갗에 와 닿는 달콤한 바람의 입술, 곡선의 선율로 흐르는 강물, 새들의 경쾌한 스타카토, 지붕과 마당과 간판과 도로에 떨어져 타악기를 연주하는 사선의 빗방울들, 공중의 바다를 유영하는 나뭇잎들, 하늘 정원에 핀 별꽃들, 두 팔을 흔들며 음악이 되어 걸어가는 사람들" 같은 "비의의 휘장으로/ 영혼을 감싸는 책들"을 흔흔하게 찬양하고 싶다고 노래한다. "긍정을, 웃음을 노래하련다"라고 말이다.

그러다 보니 감각의 소리풍경도 더욱 장쾌해진다. "나무에서 매미들 비잉비잉/ 무논에서 개구리들 와글와글/ 처마 밑 제비 새끼들 쩍쩍/ 숲속 늘어난 새 식구들/ 짖고 까부느라 야단인데/ 천둥 번개와 함께 불쑥,/ 쳐들어오는 소낙비가 소란스럽다./ 불어난 강물 소리 우렁우렁,/ 뙤약볕에 타는 냇가의 돌들/ 밤하늘 서로의 광도를 시샘하는/ 무리 진 별들 요란스레 반짝이고/ 절벽을 뛰어내리는/ 폭포 소리 장쾌하다."(「7월은 시끄러운 달」). 그렇게 생동하는 리듬으로 어우러진 소리풍경과 교감하다 보니 여름의 저녁을 좋아하게 되는 것도 자연스럽다. "밤이 푸르게 익어 가면/ 공기는 딱딱해지고 하늘의/ 휘장 젖히고 별들이 앙증맞게 반짝,/ 반짝 얼굴 내밀어 밤의 상점을 여는,/ 수박 냄새 풍기며 저벅저벽/ 걸어오는 저녁을 나는 사랑한다."(「여름 저녁」). 아울러 "한밤중 우리가 깊이 잠든 사이"에 "산들 나무들과 바위들과 산짐승들"(「사람들은 모른다」)이 어떤 생명의 약동을 펼치는지 물끄러미 헤아려보기도 한다.

> 조석으로 한강 변에서 만나는
> 도열한 잡목들, 철 따라 피는
> 형형색색의 꽃들, 장단 완급으로
> 굽이치는 강물, 공중을 나는 새들은
> 사람에게 무관심하나 얼마나 정다운가.
> ―「정다운 무관심」 부분

산책길에서 만나는 비인간 존재들과의 소통과 교감 방식을 잘 드러낸 시편이다. 시인은 "형형색색의 꽃들"이며 "장단 완급으로/ 굽이치는 강물" 그리고 "공중을 나는 새들"을 물끄러미 바라보면서 정겨운 감흥에 젖는다. 자연적으로 존재하는 잡목들이며, 꽃들이며, 강물과 새들은 어쩌면 인간에서 무관심한 채 저들만의 자연스러운 방식으로 존재하는지 모른다. 그런데 시인은 그 비인간 존재들의 약동하는 리듬에서 '정다운 무관심'을 정서적으로 읽어낸다. 아니 무관심하지만 정다운 비인간 존재들을, 자기 몸으로, 자기 시 텍스트의 육체 안으로, 정답게 끌어들인다. 앞에서도 논의한 바 횡단-신체성의 수사학이다. 무관심한 듯 보이는 저들이 시인과 시의 몸 안으로 스미고 짜일 때 어떤 일이 발생하는가? 시인의 답은 이렇다. "인간에게 넘어져 다친 상처/ 사물을 쬐고 바르면/ 볕에 닿은 눈처럼 감쪽같이 사라진다네." 생태 수사학의 한 전범에 속하는 상상력이 아닐 수 없다.

무릇 생태학적 상상력은 고여 있는 것이 아니다. 늘 생동하고 생기(生起)한다. 「나는 유목이다」에서 다음과 같은 시적 표현은 생태학적 상상력의 중핵을 형성하기에 족하다. "지금 흐르는 강물이 어제의 강물이 아니듯, 나는 어제의 내가 아니다. 나는 매일 죽고 매일 다시 태어난다." 세상의 모든 물질과 사물, 존재들이 역동적 생성의 도정 위에 있듯이, 시인 또한 부단히 다시 태어나기를 꿈꾼다. "정신의 변화 즉 삶의 질적 상승"이라는 맥락에서 노마드이기를 소망하고 추구한다. "인간은 누구나 자유의지로 태어날 수 없지만 살면서 크고 작은 선택지 앞에 놓일 수밖에 없다. 날마다의 선택과 행동의 결과가 현재의 나를 만들었고 또 미래의 나를 만들어 갈 것이다." 자유의지에 입각한 선택을 통해 자유로운 노마드로서의 자기를 일구어나가겠다는 다부진 다짐이다. 그가 편안한 정주민이기를 마다하고 생동하는 유목민이기를 소망하는 것은, 오로지 시인이기 때문이다. 새로운 시적 사유와 상상력을 유목민의 길에서 길어 올리기 위해서다. "다른 장소에서 다른 시간대를 경험하다가 혹 반짝이는 사유를 건져올지 모를 일이다."

이 시에서도 이재무만의 원초적 비유가 숨어 있다. "기왕 결정했으니, 쟁기가 다녀간 밭처럼 주름이 진 마음을 숯불 다리미 다녀간 광목처럼 펴도록 하자"는 진술에서, 쟁기 질한 다음의 밭의 주름 형상이나 잘 구겨지는 광목을 펴는 숯불 다리미 같은 소재에 대한 감칠맛 나는 시적 표현은 그동안 이재무 시학의 저변을 형성해 왔던 유년기적 요소이다. 현실에서는 고단했으되 마음으로는 황금기였던 유년기 고향에서의 경험은 언제 어디서나 구성지게 소환된다. 이어지는 "피할 수 없으면 즐기는 거다" 역시 이재무 스타일이다. 그리고 이재무 스타일의 화룡점정으로 치닫는다. "나는 선택이다(장 폴 사르트르). 나는 자유다(니코스 카잔차키스). 나는 유목이다(이재무)." 그렇다. 필경 그럴 것이다. 이재무는 정겨운 유목민 시인이다. 정겨운 유목민으로서 "한바탕 농담"(「농담」)에서 "불편했던 마음"(「인연」)을 거쳐 "측은지심"(「사람이 미워지면」)에 이르기까지 정다운 소리를 다양한 빛깔로 빚어내면서 시인의 넉넉한 품격을 보여준다.

「나의 길」에서 시인은 "모든 살아있는 것들"에 "저마다의 길"을 내어준다. "나무는 나무의 길로 자라고/ 꽃은 꽃의 길에서 꽃을 피우고/ 새는 새의 길을 열며 날고/ 물고기는 물고기의 길 속으로/ 헤엄치고, 동물은 동물의 길을 따라/ 다니고, 흐르는 물은/ 물의 길을 찾아 걷는다." 그런 생태적 전체 속에서 시인은 "나의 길을/ 나의 속도로 걷는다"라고 했다. 「맨 처음 고백」에서 고백하고 있는 것처럼 때로는 흔들리기도 했으나, 이재무는 시인으로서 자신의 길을 자기 속도 걸어온 시인인 것 같다. 정겨운 유목민 시인의 초상을 가장 웅숭깊게 보여주는 시가 바로 「낙타」이다. 일찍

이 신경림의 감동적인 시 「낙타」가 사막을 걷고 있었다. 거기서 시인은 낙타를 타고 저승길을 갔다가, 누군가 다시 세상에 나가라고 하면 "낙타가 되어 가겠다"라고 했다. "별과 달과 해와/ 모래만 보다 살다가,/ 돌아올 때는 세상에서 가장/ 어리석은 사람 하나 등에 업고 오겠노라고", 그리고 "가장 가엾은 사람 하나 골라/ 길동무 되어" 오겠다고 했다. 이 시를 이재무가 극진하게 오마주했다. 예전에 살바도르 달리가 밀레를 오마주했듯이, 이재무도 시풍의 계보학적 스승인 신경림을 오마주하며 그에 대한 그리움을 극화하고 시인의 초상을 재정립하고자 한다. "세상에서 가장 어리석은 사람 하나/ 등에 업고/ 세상에서 가장 가엾은 사람/ 길동무 되어/ 슬픔도 아픔도 까맣게 잊고/ 별과 달과 해와 모래밖에 없는/ 사막을 걷고 있"(「낙타」)는 먼 사막의 낙타의 초상에서, 나는 신경림 시인과 이재무의 '등'을 본다. 그런 낙타의 소리풍경이 바로 이재무의 생동하는 시편들이기 때문이다. "등은 자존을 지키는 최후의 성벽"(「등」)이라고 이재무가 적은 바 있거니와, 낙타와도 같은 시인 신경림과 이재무의 등은 오랜 시간 한국시사의 자존을 지키는 소리풍경의 한 축을 넉넉하게 감당해 왔다. "세상에서 가장 어리석은 사람 하나/ 등에 업고/ 세상에서 가장 가엾은 사람/ 길동무 되어" 사막을 걷고 있는 낙타를 다시 응시해 보자. 앙투안 드 생텍쥐페리의 『어린 왕자』에서 사막이 아름다운 것은 어딘가에 우물을 숨기고 있기 때문이라고 했다. 만약 어린 왕자가 신경림과 이재무의 「낙타」를 읽었다면 사막이 아름다운 이유를 하나 더 추가할지도 모르겠다. 사막이 아름다운 것은 "세상에서 가장 어리석은 사람 하나/ 등에 업고/ 세상에서 가장 가엾은 사람/ 길동무 되어" 걷는 낙타가 있기 때문이라고 말이다.